무량공덕 9 　　　　　무비스님 편저

불설아미타경

독송(讀誦) 공덕문(功德文)

　부처님은 범인(凡人)이 흉내 낼 수 없는 피나는 정진(精進)을 통해 큰 깨달음을 이루신 인류의 큰 스승이십니다. 그 깨달음으로 삶과 존재의 실상(實相)을 바르게 꿰뚫어 보시고 의미 있고 보람된 삶에 대하여 가르치셨습니다.

　부처님의 가르침을 전하는 사람을 법사(法師)라고 하는데, 법화경(法華經) 법사품(法師品)에는 다섯 가지 법사에 대하여 설파하고 있습니다. 그 첫째는 경전을 지니고 다니는 사람, 둘째는 경전을 읽는 사람, 셋째는 경전을 외우는 사람, 넷째는 경전을 해설하는 사람, 다섯째는 경전을 사경하는 사람입니다. 이 중 한 가지만 하더라도 훌륭한 법사이며, "법사의 길을 행하는 사람은 부처님의 장엄(莊嚴)으로 장엄한 사람이며, 부처

님께서 두 어깨로 업어주는 사람이다." 라고 말씀하고 있으니 세상을 살아가면서 이보다 더 큰 보람과 영광이 어디에 있겠습니까?

　이번에 제작된 〈무량공덕 독송본〉은 항상 지니고 다니면서 읽고 베껴 쓸 수 있는 경전입니다. 부디 많은 분들이 이 인연 공덕에 함께 하시어 큰깨달음 이루시고 행복하시기를 기원합니다.

독송공덕수승행 무변승복개회향
讀誦功德殊勝行 無邊勝福皆廻向(독송한 그 공덕 수승하여라, 가없는 그 공덕 모두 회향하여)

보원침익제유정 속왕무량광불찰
普願沈溺諸有情 速往無量光佛刹(이 세상 모든 사람 모든 생명, 한량없는 복된 삶 누려지이다.)

불기2549(2005)년 여름안거
금정산 범어사　如天 無比 합장

차례

불설아미타경······ 7

우리말 불설아미타경······ 33

발。일체업장근본 득생정토 다라니······ 45

아미타불 본심미묘 진언······ 45

서방원문······ 46

염불정진······ 51

정념게······ 52

우리말 정념게······ 53

찬불게 …………………… 54
회향게 …………………… 57
용수보살미타예찬게 …………………… 60
임종정념결 …………………… 71
능엄신주 …………………… 76
대보루각다라니 …………………… 76
무량수여래근본다라니 …………………… 77
광명진언 …………………… 78

불설아미타경

佛說阿彌陀經

법회중증분 제일

法會衆證分 第一

여시아문하사오니 如是我聞 一時 佛께서 在舍衛國祈樹

급고독원하사 여대비구승 천이백오십인으로 구
給孤獨園 與大比丘僧 千二百五十人 俱

하시니 개시대아라한이며 중소지식이라 장로사리
皆是大阿羅漢 衆所知識 長老舍利

불과 마하목건련과 마하가섭과 마하가전연과

弗 摩訶目犍連 摩訶迦葉 摩訶迦旃延

마하구치라와 이바다와 주리반타가와 난타와 아

摩訶俱絺羅 離婆多 周利槃陀伽 難陀 阿

난타와 라후라와 교범바제와 빈두로와 파라타와

難陀 羅睺羅 憍梵婆提 賓頭盧 頗羅墮

가루타이와 마하겁빈나와 박구라와 아누루타와

迦留陀夷 摩訶劫賓那 縛拘羅 阿㝹樓䭾

여시등제대제자이며 병제보살마하살인 문수사

如是等諸大弟子 竝諸菩薩摩訶薩 文殊師

리법왕자와 아일다보살과 건타하제보살과 상

利法王子 阿逸多菩薩 乾陀訶提菩薩 常

정진보살과 여여시등제대보살과 급석제환인
精進菩薩　與如是等諸大菩薩　及釋提桓因

등 무량제천대중으로 구러시다
等 無量諸天大衆　俱

불토의정분 제이
佛土依正分 第二

이시에 불고 장로사리불하사대 종시서방으로
爾時　佛告　長老舍利弗　從是西方

과십만억불토하야 유세계하니 명왈극락이요 기토
過十萬億佛土　有世界　名曰極樂　其土

9

에 유불하시니 호 아미타시라 금현재설법하시니라
有佛　　　　號阿彌陀　　　　今現在說法

보수지연분 제삼
寶樹池蓮分 第三

사리불아 피토를 하고로 명위극락고 기국중
舍利弗 彼土 何故 名爲極樂 其國衆

생은 무유중고하고 단수제락일새 고명극락이니라
生 無有衆苦 但受諸樂 故名極樂

우사리불아 극락국토에는 칠중난순과 칠중나망
又舍利弗 極樂國土 七重欄楯 七重羅網

과 **칠중행수**에 **개시사보**로 **주잡위요**할새 七重行樹 皆是四寶 周匝圍繞 是故

피국을 **명위극락**이니라 **우사리불**아 **극락국토**에 彼國 名爲極樂 又舍利弗 極樂國土

유칠보지하니 **팔공덕수**가 **충만기중**하고 **지저**에는 有七寶池 八功德水 充滿其中 池底

순이금사로 **포지**하며 **사변계도**에는 **금은유리파** 純以金沙 布地 四邊階道 金銀琉璃玻

려로 **합성**하였고 **상유누각**하되 **역이금은 유리파** 瓈 合成 上有樓閣 亦以金銀 琉璃玻

려 자거 적주 마노로 **이엄식지**하며 **지중연화** 瓈 硨磲 赤珠 瑪瑙 而嚴飾之 池中蓮華

에는 **대여거륜**하되 大如車輪 **청색청광**이며 靑色靑光 **황색황광**이며 黃色黃光 **적색적광** 色赤光 **백색백광**이니 白色白光 **미묘향결**하니라 微妙香潔 **사리불**아 舍利弗 **극락국토**에 **성취여시공덕장엄**하니라 極樂國土 成就如是功德莊嚴

천인공양분 제사
天人供養分 第四

우사리불아 **피불국토**에 **상작천악**하며 **황금**으로
又舍利弗 彼佛國土 常作天樂 黃金

위지하고 爲地 주야육시로 晝夜六時 우천만다라화하거든 雨天曼多羅華 기토 其土

중생이 衆生 상이청단에 常以淸旦 각이의극으로 各以衣裓 성중묘화하야 盛衆妙華

공양타방십만억불하고 供養他方十萬億佛 즉이식시에 卽以食時 환도본국하야 還到本國

반식경행하나니 飯食經行 사리불아 舍利弗 극락국토에 極樂國土 성취여시 成就如是

공덕장엄하니라 功德莊嚴

금수연법분 제오
禽樹演法分 第五

부차사리불아 피국에 상유종종기묘잡색지조
復次舍利弗 彼國 常有種種奇妙雜色之鳥

하되 백학 공작 앵무 사리와 가릉빈가 공
白鶴 孔雀 鸚鵡 舍利 迦陵頻伽 共

명지조라 시제중조는 주야육시로 출화아음하니
命之鳥 是諸衆鳥 晝夜六時 出和雅音

기음이 연창오근오력과 칠보리분과 팔성도분
其音 演暢五根五力 七菩提分 八聖道分

여시등법이어든 기토중생문시음이에 개실염불
如是等法 其土衆生聞是音已 皆悉念佛

염법염승하나니라
念法念僧

사리불아 여물위차조를 실시
舍利弗 汝勿謂此鳥 實是

죄보소생이라하라
罪報所生

소이자하오 피불국토에는 무삼
所以者何 彼佛國土 無三

악도하니라
惡道

사리불아 기불국토에 상무악도지명
舍利弗 其佛國土 尙無惡道之名

이온 하황유실가
何況有實

시제중조는 개시아미타불이 욕
是諸衆鳥 皆是阿彌陀佛欲

령법음선류하사 변화소작이시니라
令法音宣流 變化所作

사리불아 피불
舍利弗 彼佛

국토에는 미풍이 취동하면 제보행수와 급보라망
國土 微風吹動 諸寶行樹 及寶羅網

에서 **출미묘음**하나니 **비여백천종악**이 **동시구작**이
出微妙音　　　　譬如百千種樂　同時俱作

라 **문시음자**는 **자연개생염불 염법 염승지심**
聞是音者　　　自然皆生念佛　念法　念僧之心

하나니 **사리불**아 **기불국토**에 **성취여시공덕장엄**
舍利弗　　　其佛國土　　成就如是功德莊嚴

하니라

불덕무량분 제육
佛德無量分　第六

사리불아 **어여의운하**오 **피불**을 **하고**로 **호아**
舍利弗　於汝意云何　彼佛을　何故로　號阿

16

미타어뇨 사리불아 피불은 광명이 무량하사 照十 彌陀 舍利弗 彼佛 光明 無量 하사 조시

방국하사대 무소장애일새 시고로 호위아미타시니라 方國 無所障碍 是故 號爲阿彌陀

우사리불피불의 수명과 급기인민이 무량무변 又舍利弗彼佛 壽命 及其人民 無量無邊

아승지겁일새 고로 명아미타시니라 사리불아 아미 阿僧祗劫 故 名阿彌陀 舍利弗 阿彌

타불이 성불이래로 어금십겁이시니라 우사리불아 陀佛 成佛以來 於今十劫 又舍利弗

피불이 유무량무변성문제자시니 개아라한이라 彼佛 有無量無邊聲聞弟子 皆阿羅漢

비시산수지소능지이며 제보살중도 역부여시하나니

非是算數之所能知 諸菩薩衆 亦復如是

사리불아 피불국토에 성취여시공덕장엄하니라

舍利弗 彼佛國土 成就如是功德莊嚴

왕생발원분 제칠

往生發願分 第七

우사리불아 극락국토에 중생생자는 개시아비발치라 기중에 다유일생보처하야 기수심다하며

又舍利弗 極樂國土 衆生生者 皆是阿鞞跋致 其中 多有一生補處 其數甚多

비시산수의 소능지지라 단가이무량무변아승지
非是算數 所能知之 但可以無量無邊阿僧祇

겁으로 설하니 사리불아 중생문자는 응당발원하야
劫 說 舍利弗 衆生聞者 應當發願

원생피국이니 소이자하오 득여여시제상선인으로
願生彼國 所以者何 得與如是諸上善人

구회일처니라
俱會一處

수지정행분 제팔
修持正行分 第八

사리불아 불가이 소선근복덕인연으로 득생피
舍利弗 不可以少善根福德因緣 得生彼
국이니라 사리불아 약유선남자선여인이 문설아미
國 舍利弗 若有善男子善女人 聞說阿彌
타불하고 집지명호하되 약일일 약이일 약삼일
陀佛 執持名號 若一日 若二日 若三日
약사일 약오일 약육일 약칠일 일심불란하면
若四日 若五日 若六日 若七日 一心不亂
기인이 임명종시에 아미타불이 여제성중으로 현
其人 臨命終時 阿彌陀佛 與諸聖衆 現
재기전하시니라 시인종시에 심부전도하야 즉득왕
在其前 是人終詩 心不顚倒 即得往

생아미타불 극락국토하나니라 사리불아 아견시
生阿彌陀佛 極樂國土 舍利弗 我見是

리일새 고설차언하노라 약유중생이 문시설자는
利 故說此言 若有衆生 聞是說者

응당발원하야 생피국토니라
應當發願 生彼國土

동찬권신분 제구
同讚勸信分 第九

사리불아 여아금자에 찬탄아미타불의 불가사
舍利弗 如我今者 讚歎阿彌陀佛 不可思

의공덕지리하야 동방에 역유아촉비불 수미상
議功德之利

불 대수미불 수미광불 묘음불 여시등
佛 大須彌佛 東方 亦有阿閦鞞佛 須彌相
須彌光佛 妙音佛 如是等

항하사수제불이 각어기국에서 출광장설상하야
恒河沙數諸佛 各於其國 出廣長舌相

변부삼천대천세계하사 설성실언하사대 여등중생
遍覆三千大千世界 說誠實言 汝等衆生

이 당신시칭찬불가사의 공덕일체제불의 소호
當信是稱讚不可思議 功德一切諸佛 所護

념경하라하시나니라 사리불아 남방세계에 유일월등
念經 舍利弗 南方世界 有日月燈

22

불 명문광불 수미등불 무량정
佛名聞光佛 大焰肩佛 須彌燈佛 無量精

진불 여시등 항하사수제불이 각어기국에서
進佛 如是等 恒河沙數諸佛 各於其國

출광장설상하사 변부삼천대천세계하사 설성실언
出廣長舌相 遍覆三千大千世界 說誠實言

하사대 여등중생이 당신시칭찬불가사의공덕인 일
汝等衆生 當信是稱讚不可思議功德 一

체제불의 소호념경하라하시나니라 사리불아 서방세
切諸佛所護念經 舍利弗 西方世

계에 유무량수불 무량상불 무량당불 대광
界 有無量壽佛 無量相佛 無量幢佛 大光

불 대명불 보상불 정광불 여시등 항하
佛 大明佛 寶相佛 淨光佛 如是等 恒河

사수제불이 각어기국에 출광장설상하야 변부삼
沙數諸佛 各於其國 出廣長舌相 遍覆三

천대천세계하사 설성실언하사대 여등중생이 당신
千大千世界 說誠實言 汝等衆生 當信

시청찬불가사의공덕인 일체제불의 소호념경하라
是稱讚不可思議功德 一切諸佛 所護念經

하시나니라 사리불아 북방세계에 유염견불 최승
舍利弗 北方世界 有焰肩佛 最勝

음불 난저불 일생불 망명불 여시등 항하
音佛 難沮佛 日生佛 網明佛 如是等 恒河

사수제불이 沙數諸佛 **각어기국**에서 各於其國 **출광장설상**하야 出廣長舌相 **변부삼** 遍覆三

천대천세계하사 千大千世界 **설성실언**하사대 說誠實言 **여등중생**이 汝等衆生 **당신** 當信

시칭찬불가사의공덕인 是稱讚不可思議功德 **일체제불**의 一切諸佛 **소호념경**하라 所護念經

하시나니라

사리불아 舍利弗 **하방세계**에 下方世界 **유사자불** 有師子佛 **명문불** 名聞佛

명광불 名光佛 **달마불** 達摩佛 **법당불** 法幢佛 **지법불**하야 持法佛 **여시등** 如是等

항하사수제불이 恒河沙數諸佛 **각어기국**에 各於其國 **출광장설상**하야 出廣長舌相 **변** 遍

부삼천대천세계하사 설성실언하사대 여등중생이 覆三千大千世界 說誠實言 汝等衆生

당신시칭찬불가사의공덕인 일체제불의 소호념
當信是稱讚不可思議功德 一切諸佛 所護念

경하라하시나니라 사리불아 상방세계에 유범음불 숙
經 舍利弗 上方世界 有梵音佛 宿

왕불 향상불 향광불 대염견불 잡색보화
王佛 香上佛 香光佛 大焰肩佛 雜色寶華

엄신불 사라수왕불 보화덕불 견일체의불
嚴身佛 娑羅樹王佛 寶華德佛 見一切義佛

여수미산불 여시등항하사수제불이 각어기국에
如須彌山佛 如是等恒河沙數諸佛 各於其國

출광장설상하야 변부삼천대천세계하사 설성실언
出廣長舌相 遍覆三千大千世界 說誠實言

하사대 여등중생이 당신시칭찬불가사의공덕인 일
汝等衆生 當信是稱讚不可思議功德 一

체제불의 소호념경하라하시나니라
切諸佛 所護念經

문법신원분 제십
聞法信願分 第十

사리불아 어여의운하오 하고로 명위일체제불의
舍利弗 於汝意云何 何故 名爲一切諸佛

소호념경고 사리불아 약유선남자선여인이 문시
所護念經　舍利弗 若有善男子善女人 聞是
경수지자와 급문제불명자는 시제선남자선여인
經受持者 及聞諸佛名者 是諸善男子善女人
이 개위일체제불지소호념이라 시제선남자선여인
皆爲一切諸佛之所護念
이 개위일체제불지소호념이라 시고로 사리불아 여등
皆爲一切諸佛之所護念 是故 舍利弗 汝等
아뇩다라삼먁삼보리니라 시고로 사리불아 여등
阿耨多羅三藐三菩提 是故 舍利弗 汝等
이 개당신수아어와 급제불소설이니라 사리불아 약
皆當信受我語 及諸佛所說 舍利弗 若
유인이 이발원 금발원 당발원하야 욕생아미
有人 已發願 今發願 當發願 欲生阿彌

타불국자는 시제인등 개득불퇴전 어아뇩다
陀佛國者 是諸人等 皆得不退轉 於阿耨多
라삼막삼보리하야 어피국토에 약이생커나 약금생
羅三藐三菩提 於彼國土 若已生 若今生
커나 약당생하나니 시고로 사리불아 제선남자와
若當生 是故 舍利弗 諸善男子
선녀인이 약유신자는 응당발원하야 생피국토니라
善女人 若有信者 應當發願 生彼國土

호찬감발분 제십일
互讚感發分 第十一

사리불아 여아금자에 칭찬제불의 불가사의공
舍利弗 如我今者 稱讚諸佛 不可思議功

덕하야 피제불등도 역칭찬아불가사의공덕하사
德 彼諸佛等 亦稱讚我不可思議功德

이작시언하대 석가모니불이 능위심난희유지사
而作是言 釋迦牟尼佛 能爲甚難希有之事

능어 사바국토 오탁악세 겁탁 견탁 번
能於 娑婆國土 五濁惡世 劫濁 見濁 煩

뇌탁 중생탁 명탁중에 득아뇩다라삼먁삼보리
惱濁 衆生濁 命濁中 得阿耨多羅三藐三菩提

하사 위제중생하야 설시일체세간 난신지법하라하
爲諸衆生 說是一切世間 難信之法

시나니라 舍利弗 當知 我於五濁惡世에 行此

難事 得阿耨多羅三藐三菩提 爲一切世間

하야 說此難信之法 是爲甚難

사리불아 당지하라 아어오탁악세에 행차

난사하야 득아뇩다라삼먁삼보리하사 위일체세간

하야 설차난신지법이 시위심난이니라

유통보도분 제십이

流通普度分 第十二

불설차경이하시니 사리불과 급제비구와 일체

佛說此經已 舍利弗 及諸比丘 一切

세간천인 아수라등이 문불소설하시고 환희신수
世間天人 阿修羅等 聞佛所說 歡喜信受
하고 작례이거하니라
作禮而去

불설아미타경 종
佛說阿彌陀經 終

한글 불설아미타경 [佛設阿彌陀經]

무비스님

제1. 법회중증분(法會衆證分)
이와 같이 내가 들었다.

한때 부처님께서 천 이백 오십 인의 비구들과 사위국 기원정사에 함께 계시었다.

그들은 모두 널리 알려진 큰 아라한들이었으니, 즉 장로 사리불·마하목건련·마하가섭·마하가전연·마하구치라·라바다·주리반타카·난다·아난다·라후라·교범바제·빈두로파라타·가루다이·마하겁빈나·박구라·아누루타와 같은 큰 제자들이었다.

이 밖에 보살마하살과 법의 왕자인 문수사리를 비롯해 아일다보살·건타하제보살·상정진보살 등 큰보살님들과 그리고 석제, 환인 등 수많은 천인들도 자리를 함께 하였다.

제2. 불토의정분(佛土依正分)

 그 때 부처님께서 장로 사리불에게 말씀하셨다.

 "여기에서 서쪽으로 십만억 불국토를 지나면 한 세계가 있으니, 그 이름을 '극락'이라 하느니라. 거기에 아미타불이 계시어 지금도 극락세계에서 설법하고 계시느니라.

제3. 보수지연분(寶樹池蓮分)

 사리불이여, 저 세계를 어째서 극락이라 하는 줄 아느냐? 그곳에 있는 중생들은 아무 괴로움도 없이 오직 즐거움만 있으므로 극락이라 하는 것이다. 또 사리불이여, 극락 세계에는 일곱 겹으로 된 난간과 일곱 겹의 나망(구슬로 장식된 그물)과 일곱 겹 가로수가 있는데, 금·은·청옥·수정의 네 가지 보석으로 눈부시게 장식되어 있다. 그러므로 그 나라를 극락이라 하느니라. 또 사리불이여, 극락 세계에는 또 칠보로 된 연못이 있는데, 그 연못에는 여덟 가지 공덕수로 가득차 있으며, 연못 바닥은 금모

래가 깔려 있고, 연못 둘레에는 금·은·유리·파려 등의 보배로 이루어진 층계가 있으며, 그 위에는 누각이 있어 역시 금·은·유리·파려·진주·마노 등의 칠보로 장엄하게 꾸며져 있느니라. 그리고 그 연못 속에는 수레바퀴만한 연꽃이 피어 있는데, 푸른 빛에서는 푸른 광채가 나고, 누른 빛에서는 누른 광채가 나고, 붉은 빛에서는 붉은 광채가 나고, 흰 빛에서는 흰 광채가 나서 참으로 아름답고 향기롭고 정결하다.

사리불이여, 극락세계는 이와 같은 공덕장엄으로 이루어져 있느니라.

제4. 천인공양분(天人供養分)

또 사리불이여, 저 부처님세계에는 항상 천상의 음악이 울려퍼지고 대지는 황금색으로 빛나고 있으며, 그리고 밤낮으로 천상의 만다라 꽃비가 내린다. 그 불국토의 중생들은 이른 아침마다 바구니에 여러 가지 아름다운 꽃을 담아 가지고 다른 십만억 불국토의 부처님께 공양하고 조반 전에 본국으로 돌아와 공양을 마치고 산책을 즐기며 수행한다.

사리불이여, 극락 세계에는 이와 같은 공덕장엄으로 이루어져 있느니라.

제5. 금수연법분(禽樹演法分)

또 그 불국토에는 아름답고 기묘한 여러 빛깔을 가진 백학·공작·앵무새·사리새·가릉빈가·공명조 등의 새가 있어서 밤낮을 가리지 않고 항상 평화롭고 맑은 소리로 노래한다. 그들이 노래하면 오근(五根;신심·정진·바른 생각·선정·지혜)과 오력(五力; 믿는 힘·정진하는 힘·생각하는 힘·선정의 힘·지혜의 힘)과 칠보리분(七菩提分;수행시 선악을 가리는 일곱 가지 지혜)과 불교의 수행법인 팔성도분(八聖道分)과 같은 팔정도(八正道; 正見·正思惟·正語·正業·正命·正精進·正念·正定)를 설하는 소리가 흘러 나온다. 그래서 극락세계의 중생들은 이 소리를 들으면, 모두 부처님을 생각하고 법문을 생각하며 스님들을 생각하게 되느니라.

사리불이여, 그대는 이 새들이 죄업의 과보로

생긴 것이라고는 생각하지 말라. 왜냐하면 그 불국토에는 지옥·아귀·축생 등 삼악도(三惡道)가 없기 때문이다. 거기에는 지옥이라는 이름도 없는데 어떻게 실지로 그런 것이 있겠는가. 이러한 모든 새들은 법문을 설하기 위해 모두 아미타불께서 화현으로 만드신 것이다. 그 불국토에서 약간 미풍만 불어도 보석으로 장식된 가로수와 나망에서 아름답고 미묘한 소리가 나는데, 그 소리가 마치 백천 가지 악기가 합주되는 것과 같다. 이 소리를 듣는 사람은 누구나 다 부처님을 생각하고 법문을 생각하며 스님들을 생각하는 마음이 저절로 우러난다.

사리불이여, 극락 세계는 이와 같은 공덕장엄으로 이루어져 있느니라.

제6. 불덕무량분(佛德無量分)

사리불이여, 저 부처님을 어째서 '아미타불'이라 부르는지 아느냐? 저 부처님의 광명은 한량없어서 시방세계를 두루 비춤에 조금도 걸

림이 없기 때문에 아미타불이라 하느니라. 또 그 부처님의 수명과 그 나라 사람의 수명이 한량없고 끝이 없는 아승지겁이므로 아미타불이라 한다. 아미타불이 부처가 된 지도 벌써 십겁(十劫)이 되었느니라.

사리불이여, 그 부처님에게는 헤아릴 수 없이 많은 성문(부처님의 말씀을 듣고 그대로 수행하는 사람) 제자들이 있는데 모두 아라한들이다. 그 수는 어떠한 산수로도 그 수효를 헤아릴 수 없으며, 보살 대중의 수도 또한 그러하다.

사리불이여, 극락세계는 이와 같은 공덕장엄으로 이루어져 있느니라.

제7. 왕생발원분(往生發願分)

사리불이여, 극락세계에 태어나는 중생들은 모두 보리심에서 물러나지 않는 이들이며, 그 가운데는 일생 보처(이번 일생만 지나면 다음 생에는 부처가 되는 보살의 최고 지위)에 오른 이들이 많아 숫자와 비유로도 헤아릴 수 없으며,

다만 무량 무변한 아승지겁으로 표현할 수밖에 없느니라. 사리불이여, 이 말을 들은 중생들은 마땅히 서원을 세워 저 세계에 태어나기를 발원해야 하느니라. 왜냐하면, 거기(극락세계)에 가면 그와 같이 으뜸가는 착한 사람들과 함께 모여 살 수 있기 때문이다.

제8. 수지정행분(修持正行分)
 사리불이여, 조그마한 선근이나 하찮은 복덕의 인연으로는 저 극락세계에 왕생할 수는 없느니라.
 사리불이여, 선남자·선여인들이 있어 아미타불에 대한 설법을 듣고 하루나 이틀 혹은 사흘·나흘·닷새·엿새·이렛동안 한결같은 마음으로 아미타불의 명호를 외우되 조금도 마음이 흐트러지지 않으면 그 사람이 임종할 때 아미타불이 여러 거룩한 분들과 함께 그 사람 앞에 나타날 것이다. 그러면 그가 임종할 때에 마음이 휘둘리지 아니하여 곧바로 아미타불의 극락 세계에 왕생하게 되느니라.

사리불이여, 나는 이러한 도리를 알고 이와 같은 말을 하는 것이니 어떤 중생이든지 이 말을 듣는 이는 마땅히 저 극락세계에 서원을 세워 왕생하기를 발원해야 하느니라.

제9. 동찬권신분(同讚勸信分)

사리불이여, 내가 지금 아미타불의 한량없는 공덕을 찬탄한 것처럼, 동방에도 아촉비불·수미상불·대수미불·수미광불·묘음불 등 항하사 수의 여러 부처님이 계시는데, 그 부처님들이 각기 그 세계에서 삼천대천세계에 두루 미치도록 진실한 말씀으로 설법하시기를, '너희 중생들은 마땅히 불가사의한 공덕을 찬탄하고 모든 부처님이 한결같이 호념하시는 이 경을 믿으라.'고 하시느니라.

사리불이여, 남방세계에도 일월등불·명문광불·대염견불·수미등불·무량정진불 등 항하사 수의 여러 부처님이 계시는데, 그 부처님들이 각기 그 세계에서 삼천대천세계를 두루 미치도록 진실한 말씀으로 설법하시기를, '너희 중생들은 마땅히 불가사의한 공덕을 찬탄하시고 모든 부처님이 한결같이 호념하시는 이 경을 믿으라.'고 하시느니라.

사리불이여, 서방세계에도 무량수불·무량상불·무량당불·대광불·대명불·보상불·정광불 등 항하사 수의 여러 부처님이 계시는데, 그 부처님들이 각기 그 세계에서 삼천대천세계에 두루 미치도록 진실한 말씀으로 설법하시기를, '너희 중생들은 마땅히 불가사의한 공덕을 찬탄하시고 모든 부처님이 한결같이 호념하시는 이 경을 믿으라.'고 하시느니라.

사리불이여, 북방세계에도 염견불·최승음불·난저불·일생불·망명불 등 항하사 수의 여러 부처님이 계시는데 그 부처님들이 각기 그 세계에서 삼천대천세계에 두루 미치도록 진실한 말씀으로 설법하시기를, '너희 중생들은 마땅히 불가사의한 공덕을 찬탄하시고 모든 부처님이 한결같이 호념하시는 이 경을 믿으라.'고 하시느니라.

사리불이여, 하방 세계에도 사자불·명문불·명

광불·달마불·법당불·지법불 등 항하사 수의 여러 부처님이 계시는데, 그 부처님들이 각기 그 세계에서 삼천대천세계에 두루 미치도록 진실한 말씀으로 법을 설하시기를, '너희 중생들은 불가사의한 공덕을 찬탄하고 모든 부처님이 한결같이 호념하시는 이 경을 믿으라'고 하시느니라.

 사리불이여, 상방세계에서도 범음불·숙왕불·향상불·향광불·대염견불·잡색보화엄신불·사라수왕불·보화덕불·견일체의불·여수미산불 등 항하사 수의 여러 부처님이 계시는데 그 부처님들이 각기 그 세계에서 삼천대천세계에 두루 미치도록 진실한 말씀으로 설법하시기를, '너희 중생들은 마땅히 불가사의한 공덕을 찬탄하시고 모든 부처님이 한결같이 호념하시는 이 경을 믿으라.'고 하느니라.

제10. 문법신원분(聞法信願分)
 사리불이여, 어째서 이 경을 가리켜 모든 부처님들이 한결같이 호념하시는 경이라 하는 줄 아는가? 선남자·선여인들이 있어 이 경을 듣고 받아지니거나 부처님의 명호를 들으면 남자·선여인들은 모든 부처님의 보호를 받게 되어 바른 깨달음에서 물러서지 않게 되느니라. 그러므로 사리불이여, 그대들은 내 말과 모든 부처님의 말씀을 잘 믿어야 하느니라.

사리불이여, 어떤 사람이 만약 아미타불의 세계에 가서 나기를 이미 발원하였거나 지금 발원하거나 혹은 장차 발원한다면, 그는 바른 깨달음에서 물러나지 않고, 그 극락세계에 이미 태어났거나 지금 태어나거나 혹은 장차 태어날 것이니라. 그러므로 사리불이여, 신심이 있는 선남자·선여인들은 마땅히 극락세계에 태어나기를 발원해야 하느니라.

제11. 호찬감발분(互讚感發分)

사리불이여, 내가 지금 여러 부처님의 불가사의한 공덕을 칭찬하듯이, 저 부처님들도 또한 나의 불가사의한 공덕을 칭찬하시기를, '석가모니 부처님이 어렵고 희유한 일을 하셨다. 시대가 흐리고, 견해가 흐리고, 번뇌가 흐리고, 중생이 흐리고, 생명이 흐린 가운데에도 능히 위없는 바른 깨달음을 얻으시고 모든 중생들을 위해 세상 사람들이 믿기 어려운 미묘한 법을 말씀하셨도다.' 라고 하시느니라.

사리불이여, 마땅히 알지니 내가 이 오탁악세에서 갖은 고행 끝에 바른 깨달음을 얻고, 모든 세상을 위해 믿기 어려운 법을 설하는 것은 참으로 어려운 일이 아닐 수 없다."

제12. 유통보도분(流通普度分)

부처님께서 이 경전 설함을 마치시니, 사리불과 비구들과 모든 세간의 천상 사람들과 아수라들이 부처님의 말씀을 듣고 기뻐하면서 예배를 올리고 물러갔습니다.

불설아미타경 끝

발. 일체업장근본 득생정토 다라니

나무 아미다바야 다타가다야 다지야타 아미리 도바비 아미리다 싯담바비 아미리다 비가란제 아미리다 비가란타 가미니 가가나 기다가례 사바하(세 번)

아미타불 본심미묘 진언

단야타 옴 아리다라 사바하(세 번)

서방원문 西方願文

연지대사(蓮池大師) 지음

극락세계에 계시사 중생을 이끌어 주시는 아미타불께 귀의하옵고 그 세계에 가서 나기를 발원하옵나니, 자비하신 원력으로 굽어 살펴 주옵소서.

저희들이 네 가지 은혜 끼친 이와 삼계 중생을 위해 부처님의 위없는 도를 이루려는 정성으로 아미타불의 거룩하신 명호를 불러 극락세계에 왕생하기를 원하나이다.

업장은 두터운데 복과 지혜 엷어사와 때묻은 마음 물들기

쉽고 깨끗한 공덕 이루기 어려워 이제 부처님 앞에 지극한 정성으로 예배하고 참회하나이다.

저희들이 아득한 옛적부터 오늘에 이르도록 몸과 말과 생각으로 한량없이 지은 죄와 무수히 맺은 원결 모두 다 풀어버리고, 이제 서원을 세워 나쁜 짓 멀리하여 다시 짓지 아니하고 보살도를 항상 닦아 물러나지 아니하며 정각을 이루어서 중생을 제도하려 하옵니다.

아미타 부처님이시여, 대자대비하신 원력으로 저를 증명하시고 가없이 여기사 가피를 내리소서. 삼매에서나 꿈속에서나 거룩한 상호를 뵙게 하시고 아미타불의 장엄하신

국토에 다니면서 감로로 뿌려 주시고 광명으로 비쳐 주시며 손으로 쓰다듬어 주시고 가사로 덮어주심 입사와 업장은 소멸되고 선근은 자라나며 번뇌는 없어지고 무명은 깨어져, 원각의 묘한 마음 뚜렷하게 열리옵고 극락 세계가 항상 앞에 나타나게 하옵소서. 그리고 이 목숨 마칠 때에 갈 시간 미리 알아 여러 가지 병고액난 이 몸에서 사라지고, 탐진치 온갖 번뇌 씻은 듯이 없어져 육근이 화락하고 한생각 분명하여 이 몸을 버리옵기 정에 들 듯 하여지다.

아미타불께서 관음 세지 두 보살과 성중들을 데리시고 광명놓아 맞으시며 손들어 이끄시와 높고 넓은 누각과 아름다운 깃발과 맑은 향기 천상음악 거룩한 서방정토 눈앞에 나타나면, 보는 이 듣는 이들 기뻐고 감격하여 위없는 보리심을 내게 하여지이다. 그때 이내 몸도 금강대에 올라앉아 부처님 뒤를 따라 극락정토 나아가서 칠보로 된 연못 속에 상품상생 하온 뒤에 불보살 뵈옵거든 미묘한 법문 듣고 무생법인 즉득하여 부처님 섬기옵고 수기를 친히 받아 삼신(三身) 사지(四智) 오안(五眼) 육통(六通) 백천다라니와 온갖 공덕을 원만하게 갖추어지이다. 그런 다음 극락세계를 떠나지 아니하고 사바세계에 다시 돌아와 한량없는 분신(分身)으로 시방세계 다니면서 여러가지 신통

력과 갖가지 방편으로 무량 중생제도하여 삼독 번뇌 여의옵고 청정한 본심으로 극락세계 함께 가서 물러나지 않는 자리에 들게 하여지이다. 세계가 끝이 없고 중생이 끝이 없고 번뇌 업장 또한 끝이 없사오니 이내 서원도 끝이 없나이다.

저희들이 지금 예배하고 발원하여 닦아 지닌 공덕을 온갖 중생에게 두루 베풀어 네 가지 은혜 골고루 갚사옵고 삼계 중생을 모두 제도하여 다같이 일체 종지를 이루게 하여지이다.

염불정진

나무 서방정토 극락세계 대자대비 접인도사

나무 아미타불

나무 아미타불 (천번만번 힘따라 정진)

나무 관세음보살 (세번)

나무 대세지보살 (세번)

나무 일체청정대해중보살 (세번)

정념게

正念 偈

제자현시 생사범부 죄장심중 윤회육도 고불가언
弟子現是 生死凡夫 罪障深重 輪廻六道 苦不可言

금우지식 득문미타명호 본원공덕 일심칭념 구원왕
今遇知識 得聞彌陀名號 本願功德 一心稱念 求願往

생원불자비불사 애민섭수 제자불식불신 상호광
生願佛慈悲不捨 哀憫攝受 弟子不識佛身 相好光

명원불시현 영아득견 급견 관음세지 제보살중 피
明願佛示現 令我得見 及見 觀音勢至 諸普薩衆 彼

세계중 청정장엄 광명묘상등 영아요요득견
世界中 清淨莊嚴 光明妙相等 令我了了得見

우리말 정념게

제자 아무개는 생사에 헤매는 범부로서 죄업이 지중하여 육도에 윤회하매 그 괴로움은 이루 말할 수 없었나이다. 그러나 다행히도 이제 선지식을 만나 아미타불의 명호와 공덕을 듣고 일심으로 염불하여 왕생하기를 원하옵나니, 바라옵건대 자비를 드리우사 가엾이 여겨 거둬주옵소서. 어리석은 저는 부처님 몸의 상호와 광명을 알지 못하오니, 원컨대 나투시어 저로 하여금 친견케 하옵소서. 그리고 관세음과 대세지 여러 보살들을 뵙게 하시고, 서방 정토의 청정한 장엄과 광명과 미묘한 형상들을 역력히 보게 하여 주옵소서.

찬불게 (讚佛偈)

아미타불신금색 (阿彌陀佛身金色)
아미타 부처님의 몸은 황금빛

상호광명무등륜 (相好光明無等倫)
그 몸매와 광명 짝할 이 없어

백호완전오수미 (白毫宛轉五須彌)
미간 백호 도는 모양 다섯 수미산

감목징청사대해 (紺目澄淸四大海)
맑은 눈 깨끗하기 네 바다와 같네.

광중화불무수억
光中化佛無數億

광명 속 화신불은 한량이 없고

화보살중역무변
化普薩衆亦無邊

화신 보살 대중도 그지없으사

사십팔원도중생
四十八願度衆生

사십 팔 큰원으로 중생 건지시니

구품함령등피안
九品咸令登彼岸

구품 모두 다 저 언덕으로 가네.

나무서방극락세계대자대비아미타불
南無西方極樂世界大慈大悲阿彌陀佛

나무아미타불
南無阿彌陀佛 (천번 만번 힘따라 정진)

나무관세음보살 (세 번)
南無觀世音菩薩

나무대세지보살 (세 번)
南無大勢至菩薩

나무청정대해중보살 (세 번)
南無淸淨大海衆菩薩

회향게 回向偈

원아임종무장애
願我臨終無障碍

이내 몸 임종시에 장애가 없고

아미타불원상영
阿彌陀佛遠相迎

아미타불 왕림하여 나를 맞으며

관음감로쇄오두
觀音甘露灑吾頭

관세음은 내 머리에 감로 뿌리고

세지금대안아족
勢至金臺安我足

대세지의 금련대에 발을 얹고서

일찰나중이오탁
一刹那中離五濁

굴신비경도연지
屈伸臂頃到蓮池

연화개후견자존
蓮華開後見慈尊

친청법음가요요
親聽法音可了了

문이즉오무생인
聞已即悟無生忍

불위안양입사바
不違安養入娑婆

한찰나에 이 흐린 세상 떠나고

팔 한번 펼 동안에 정토에 나서

연꽃이 피는 때에 부처님 뵙고

설법하는 음성을 듣자 오라라

법문을 듣고 무생법인 증득한 뒤에

극락세계 안 떠나고 사바에 와서

선지방편도중생 방편을 잘 알아 중생 건지고
善知方便度衆生

교파진로위불사 걸림없는 지혜로 불사 지으리
巧把塵勞爲佛事

아원여사불자인 부처님 저의 마음 아시오리니
我願如斯佛自認

필경당래득성취 오는 세상 소원 이루어지이다.
畢竟當來得成就

시방삼세일체불 제존보살마하살
十方三世一切佛 諸尊菩薩摩訶薩

마하반야바라밀
摩訶般若波羅蜜

용수보살미타예찬게
龍樹菩薩彌陀禮讚偈

노향사설법계몽훈 　제불해회실요문
爐香乍爇法界蒙薰　諸佛海會悉遙聞

수처결상운 　성의방은 　제불현전신
隨處結祥雲　誠意方殷　諸佛現全身

지심귀명례 　서방극락세계 　아미타불
至心歸命禮　西方極樂世界　阿彌陀佛

계수천인소공경 　아미타불양족존
稽首天人所恭敬　阿彌陀佛兩足尊

60

재피미묘안락국 무량불자중위요

在彼微妙安樂國 無量佛子衆圍遶

고아정례미타불

故我頂禮彌陀佛

원공제중생 왕생안락국

願共諸衆生 往生安樂國

지심귀명례 서방극락세계아미타불

至心歸命禮 西方極樂世界阿彌陀佛

금색신정여산왕 사마타행여상보

金色身淨如山王 奢摩他行如象步

양목정약청련화

兩目淨若青蓮華

고아정례미타불

故我頂禮彌陀佛

원공제중생

願共諸衆生 往生安樂國

지심귀명례 서방극락세계아미타불

至心歸命禮 西方極樂世界阿彌陀佛

면선원정여만월 위광유여백천일

面善圓淨如滿月 威光猶如百千日

성약천고구시라 고아정례미타불

聲若天鼓俱翅羅 故我頂禮彌陀佛

원공제중생 왕생안락국

願共諸衆生 往生安樂國

지심귀명례 서방극락세계아미타불

至心歸命禮 西方極樂世界阿彌陀佛

관음정대관중주 종종묘상보장엄
觀音頂戴冠中住 種種妙相寶莊嚴

능복외도마교만 고아정례미타불
能伏外道魔憍慢 故我頂禮彌陀佛

원공제중생 왕생안락국
願共諸衆生 往生安樂國

지심귀명례 서방극락세계아미타불
至心歸命禮 西方極樂世界阿彌陀佛

무비무구광청정 중덕교결여허공
無比無垢廣淸淨 衆德皎潔如虛空

소작이익득자재 고아정례미타불
所作利益得自在 故我頂禮彌陀佛

원공제중생 왕생안락국
願共諸衆生 往生安樂國

지심귀명례 서방극락세계아미타불
至心歸命禮 西方極樂世界阿彌陀佛

시방명문보살중 무량제마상찬탄
時方名聞菩薩衆 無量諸魔常讚歎

위제중생원력왕 고아정례미타불
爲諸衆生願力往 故我頂禮彌陀佛

원공제중생 왕생안락국
願共諸衆生 往生安樂國

지심귀명례 서방극락세계아미타불
至心歸命禮 西方極樂世界阿彌陀佛

금저보간지생화 선근소성묘대좌
金底寶澗池生華　善根所成妙臺座

어피좌상여산왕 고아정례미타불
於彼座上如山王　故我頂禮彌陀佛

원공제중생 왕생안락국
願共諸眾生　往生安樂國

지심귀명례 서방극락세계아미타불
至心歸命禮　西方極樂世界阿彌陀佛

시방소래제불자 현현신통지안락
十方所來諸佛子　顯現神通至安樂

첨앙존안상공경 고아정례미타불
瞻仰尊顏常恭敬　故我頂禮彌陀佛

원공제중생 왕생안락국
願共諸衆生 往生安樂國

지심귀명례 서방극락세계아미타불
至心歸命禮 西方極樂世界阿彌陀佛

제유무상무아등 역여수월전영로
諸有無常無我等 亦如水月電影露

위중설법무명자 고아정례미타불
爲衆說法無名字 故我頂禮彌陀佛

원공제중생 왕생안락국
願共諸衆生 往生安樂國

지심귀명례 서방극락세계아미타불
至心歸命禮 西方極樂世界阿彌陀佛

피존불찰무악명 역무여인악도포

彼尊佛刹無惡名 亦無女人惡道怖

중인지심경피존 고아정례미타불

衆人至心敬彼尊 故我頂禮彌陀佛

원공제중생 왕생안락국

願共諸衆生 往生安樂國

지심귀명례 서방극락세계아미타불

至心歸命禮 西方極樂世界阿彌陀佛

피존무량방편경 무유제취악지식

彼尊無量方便境 無有諸趣惡知識

왕생불퇴지보리 고아정례미타불

往生不退至菩提 故我頂禮彌陀佛

원공제중생 왕생안락국
願共諸衆生 往生安樂國

지심귀명례 서방극락세계아미타불
至心歸命禮 西方極樂世界阿彌陀佛

아설피존공덕사 중선무변여해수
我說彼尊功德事 衆善無邊如海水

소작선근청정자 회시중생생피국
所作善根淸淨者 廻施衆生生彼國

원공제중생 왕생안락국
願共諸衆生 往生安樂國

지심귀명례 서방극락세계아미타불
至心歸命禮 西方極樂世界阿彌陀佛

애민부호아 영법종증장
애민부호아
哀愍覆護我 令法種增長

차세급후생 원불상섭수
此世及後生 願佛常攝受

원공제중생 왕생안락국
願共諸衆生 往生安樂國

지심귀명례 서방극락세계관세음보살
至心歸命禮 西方極樂世界觀世音菩薩

원공제중생 왕생안락국
願共諸衆生 往生安樂國

지심귀명례 서방극락세계대세지보살
至心歸命禮 西方極樂世界大勢至菩薩

원공제중생 왕생안락국
願共諸衆生 往生安樂國

지심귀명례 서방극락세계제보살청정대해중
至心歸命禮 西方極樂世界諸菩薩清淨大海衆

원공제중생 왕생안락국
願共諸衆生 往生安樂國

임종정염결

선도화상 저

지귀자가 정엽화상에게 문왈 세상에 생사보다 큰 일이 없고 한숨지면 후생이요. 한생각 그르치면 곧 윤회에 떨어질지라 소자 자조 가르침을 받아 염불 왕생의 법은 알았으나 또 병들어 죽을 때에 마음이 산란하고 혹가인들이 정염을 흔들어 염불 못할까 두려우니 엎드려 바라건데 다시 좋은 법을 가르쳐 윤회의 고를 벗게 하소서. 스님이 답왈, 기이하다. 너의 물음이 요긴하도다. 사람이 죽을 때에 정토에 나고자 한 자는 부디 먼저 준비하되 죽음을 겁내고 삶을 탐내지 말며, 항상 생각하되 나의 이 몸은 고가 많고 부정하고 악업이 많이 얽힘이라 만일 이 더러운 몸을 버리면 곧 정토에 왕생하여 부처님을 뵈와 법문 듣고 고를 벗고 많은 낙을 받을지니 이것이 좋은 일이라 떨어진 옷을 벗고 보배옷을 입는 것과 같다 하여 마음을 놓아버리고 사는데 애착심을 두지 말며 조금 병이 나거든 문득 무상을 생각하여 죽기를 기다리고 가인에게 부탁하되 누구든지 내 앞에 오는 이는 나를 위해 염불하고 눈 앞에 여러 가지 일과 집안에 좋고 나쁜 것을 말하지 말고 위문과 축원으로 오래 산다는 말도 하지 말라. 이것은 실없고 좋지 못한 말이니라. 병이 위중할 때에도 눈물을 흘리고 울고 슬픈 말을 하여 나의 정신을 어지럽게 말고 다못 나로 하여금 아미타불을 생각케 하고 나를 위해 고성염불하여 주되 운명 후 오래동안 끊이지 말고 다섯 여섯 시간 지난 뒤에 곡성을 내게 하라. 혹 정토 법문을 잘 아는 이가 독려하면 더욱 좋으리라. 이같이 하면 천이나 만이 다 왕생하느니라. 조금도 의심없으니 이 절실하고 중요한 말을 꼭 믿고 행하라. 문왈, 약은 써야 되지 않습니까. 답왈 이것은 생각대로 할 것이라 치료는 하는 게 무방하나 약은 다못 병은 나을지언정 명이야 어찌 나으리요. 명이 만일 다하면 약이 쓸데없느니라. 문왈, 귀신에게 비는 게 어떠합니까. 답왈 수명 장단은 날 때에 이미 정한지라 귀신이 어찌 하리요. 사람이 미혹하고 사를 믿어 중생을 죽여 귀신에게 제사하면 다못 죄업만 무겁고 원수를 맺어 도리어 수명을 감할지니 절대 조심하라. 이 글을 식당 근처나 왕래하는 요로에 붙여 놓고 항상 보아 마음에 두어 위급할 때에 잊어버리지 않게 하라. 문왈 평생에 염불하지 못한 사람도 이대로 하면 갈 수 있습니까. 답왈, 이 법은 염불하지 못한 이도 의심 없이 다 왕생하느니라. 내가 보건데 평소에 염불하고 예배하여 왕생을 발원한 사람이 임종시에는 죽는 것만 겁내고 염불하지 않다가는 숨이 끊어지고 혼이 떠난 뒤에 비로소 십념을 하니 도적이 떠난 뒤에 문을 닫는 거와 같은지라 무슨 일이 되리요, 죽는 일이 제일 크니 특별히 정신 차릴지이다. 한생각 비뚤어지면 만겁을 고통받을지니, 누가 대신하리요, 생각하고 생각하라.

능엄신주
楞嚴神呪

다냐타 옴 아나례 비사제 비라 바아라 다리반다 반다니 바아라 바니반호 훔 다로웅박 사바하

대보루각다라니
大寶樓閣陀羅尼

나맛 사르바 타타가타남 옴 비푸라가 르베 마니프 라베 타타가타 니다르사네 마니마니 수프라베 비마 레사가라 감비레 훔훔 즈바라 즈바라붓다 비로키테 구햐디스티타 가르베사바하

무량수여래근본다라니
無量壽如來根本陀羅尼

나모라트라야야 나맛아랴 미타바야 타타가타야 아르하테 사막삼붓다야 타댜타 옴 아므르테아므르토 드바베 아므르타삼바베 아므르타가르베 아므르타 싯데 아므르타테제 아므르타비흐림테 아므르타비 흐림타가미네 아므르타가가 나키티카레 아므르타 둠누비스바레 사르바르타사다네 사르바카르마크레 삭사얌카레 사바하

광명진언 光明眞言

옴 아모가 바이로차나 마하 무드라

마니 파드마 즈바라 프라바를타야 훔

◆ 무비(如天 無比)스님

· 전 조계종 교육원장
· 범어사에서 여환스님을 은사로 출가
· 해인사 강원 졸업
· 해인사, 통도사 등 여러 선원에서 10여년 동안 안거
· 통도사, 범어사 강주 역임
· 조계종 종립 은해사 승가대학원장 역임
· 탄허스님의 법맥을 이은 강백
· 화엄경 완역 등 많은 집필과 법회 활동

▶ 저서와 역서

『금강경 강의』, 『보현행원품 강의』, 『화엄경』, 『예불문과 반야심경』, 『반야심경 사경』 외 다수.

불설아미타경

초판 7쇄 발행 · 2023년 6월 15일
초판 7쇄 인쇄 · 2023년 6월 20일
편 저 · 무비 스님
펴낸이 · 이규인
편 집 · 천종근
펴낸곳 · 도서출판 窓
등록번호 · 제15-454호
등록일자 · 2004년 3월 25일

주소 · 서울특별시 마포구 대흥로4길 49, 1층(용강동, 월명빌딩)
전화 · 322-2686, 2687 / 팩시밀리 · 326-3218
e-mail · changbook1@hanmail.net
홈페이지 · (http://www.changbook.co.kr)

ISBN 89-7453-119-4   03220
정가 5,000원

*파손된 책은 구입하신 서점이나 《도서출판 窓》에서 바꾸어 드립니다.
☞ 염화실(http://cafe.daum.net/yumhwasil)에서 무비스님의 강의를 들을 수 있습니다.

도서출판 窓의 "무량공덕" 시리즈

제1권 **금강경**, 무비스님 편저
제2권 **천수·반야심경**, 무비스님 편저
제3권 **부모은중경**, 무비스님 편저
제4권 **목련경**, 무비스님 편저
제5권 **천수·금강경**, 무비스님 편저
제6권 **천수·관음경**, 무비스님 편저
제7권 **관세음보살보문품**, 무비스님 편저
제8권 **금강·아미타경**, 무비스님 편저
제9권 **불설아미타경**, 무비스님 편저
제10권 **예불문**, 무비스님 편저
제11권 **백팔대참회문**, 무비스님 편저
제12권 **약사여래본원경**, 무비스님 편저
제13권 **지장보살예찬문**, 무비스님 편저
제14권 **천지팔양신주경**, 무비스님 편저
제15권 **보현행원품**, 무비스님 편저
제16권 **지장보살본원경(상)**, 무비스님 편저
제17권 **지장보살본원경(하)**, 무비스님 편저
제18권 **무상법문집**, 무비스님 편저
제19권 **대불정능엄신주**, 무비스님 편저
제20권 **수보살계법서**, 무비스님 편저

¤ **"무량공덕" 시리즈는 계속 간행됩니다.**

☆ 법보시용으로 다량주문시
특별 할인해 드립니다.

☆ 원하시는 불경의 독송본이나
사경본을 주문하시면 정성껏
편집·제작하여 드립니다.